# Children's UKULELE CHORD BOOK

**by Lee "Drew" Andrews**

MW01156281

## Table of Contents

| Chord | Page # | Chord | Page # |
|---|---|---|---|
| C | 3 | Em | 14 |
| F | 4 | Dm | 15 |
| A | 5 | Bm | 16 |
| G | 6 | E | 17 |
| Am | 7 | E7 | 18 |
| C7 | 8 | B7 | 19 |
| A7 | 9 | B♭ | 20 |
| G7 | 10 | F♯m | 21 |
| F7 | 11 | C♯m | 22 |
| D | 12 | G♯m | 23 |
| D7 | 13 | G♯m | 24 |

Cover Instrument: Lanikai LFM-S Soprano Ukulele Model
www.lanikaiukes.com

1 2 3 4 5 6 7 8 9 0

**Visit us on the Web at www.melbay.com — E-mail us at email@melbay.com**

# How to Read Chord Diagrams

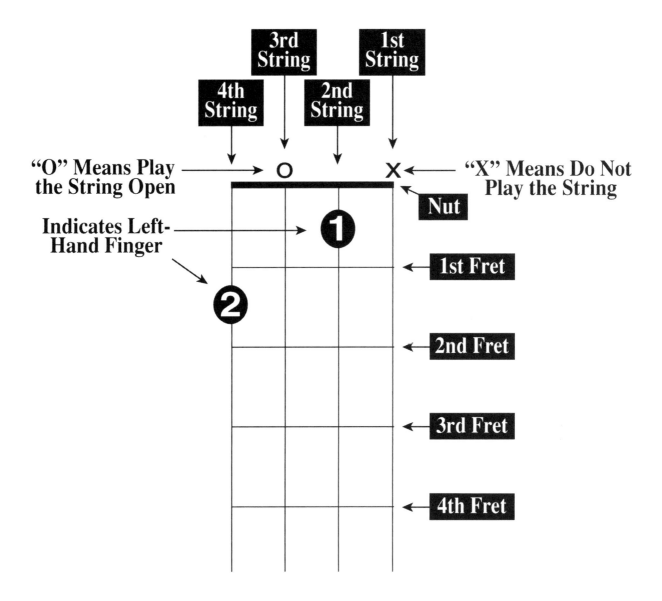

- Vertical lines are strings
- Horizontal lines are frets
- Circled numbers are left-hand fingers
- Small "o" over a string means to play the string open (no fingers pressing down)
- "x" over the string means not to play that string

# C Chord

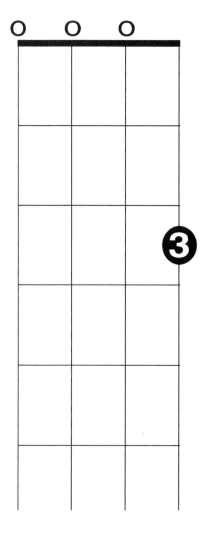

Play

C

| / / / / | / / / / ||

# F Chord

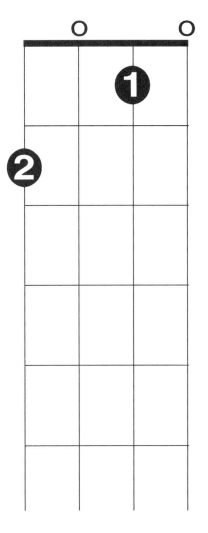

Play

C                  F                  C

# A Chord

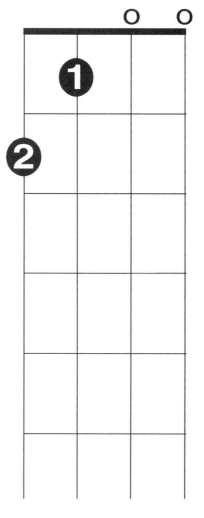

Play

| C | A | F | C |
|---|---|---|---|
| / / / / | / / / / | / / / / | / / / / |

# G Chord

 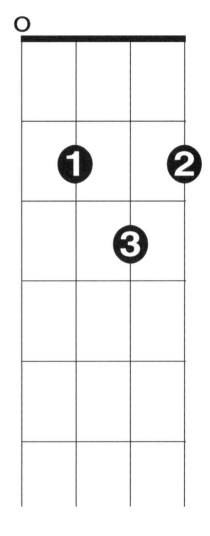

Play

# Am Chord

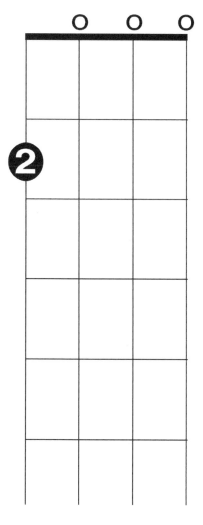

Play

| C | Am | F | G | C |
|---|----|----|----|----|

# C7 Chord

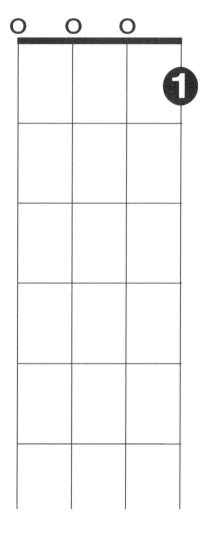

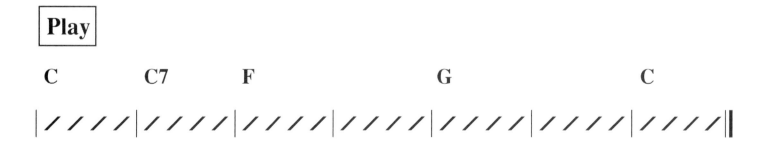

**Play**

| C | C7 | F | G | C |
|---|----|----|----|----|

# A7 Chord

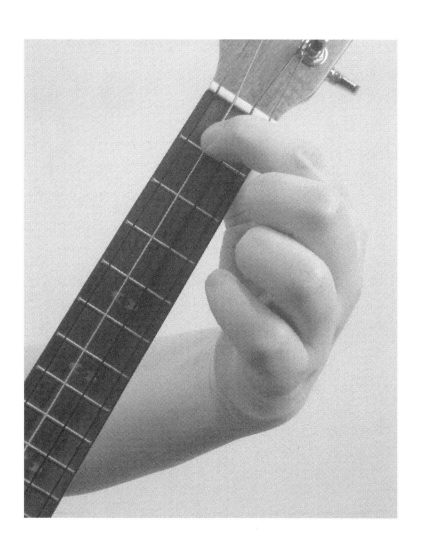 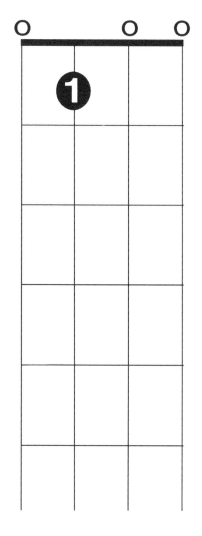

Play

| C | A7 | F | G | C |

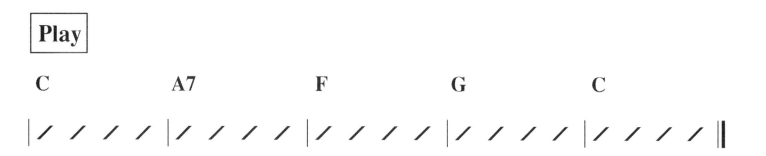

# G7 Chord

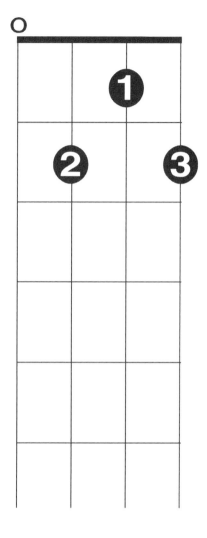

| Play |
| --- |

C                    A7              F              G7            C

| / / / / | / / / / | / / / / | / / / / | / / / / ||

# F7 Chord

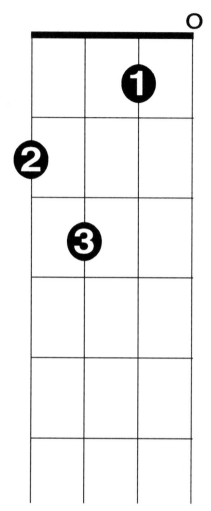

| Play |
| --- |

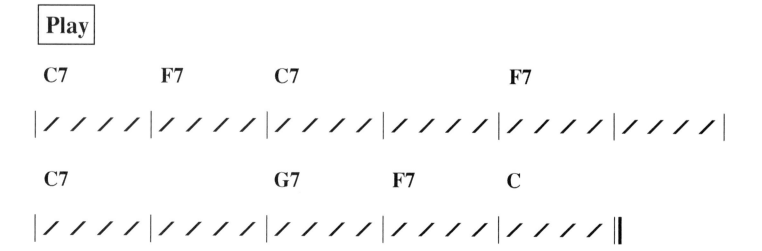

C7          F7          C7                              F7

| / / / / | / / / / | / / / / | / / / / | / / / / | / / / / |

C7                              G7          F7          C

| / / / / | / / / / | / / / / | / / / / | / / / / ‖

# D Chord

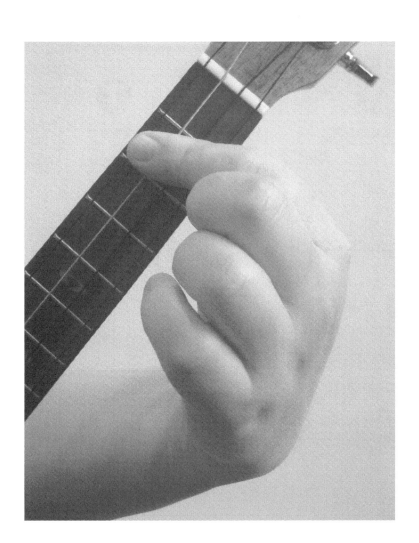
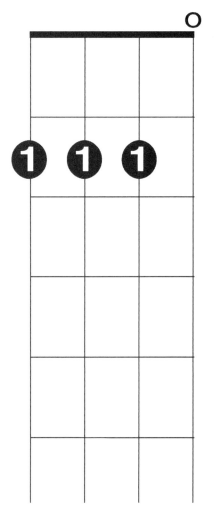

Play

| D | G | A | G | D |
|---|---|---|---|---|
| / / / / | / / / / | / / / / | / / / / | / / / / |

| G | A | G | D |
|---|---|---|---|
| / / / / | / / / / | / / / / | / / / / |

# D7 Chord

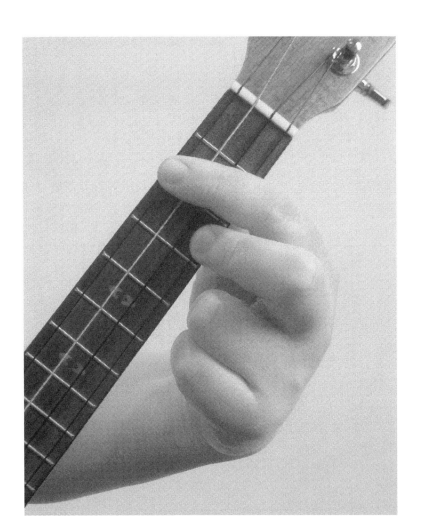 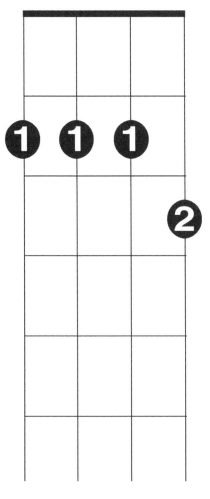

Play

| G | C | G | C | G | D7 | G |

‖ / / / / | / / / / | / / / / | / / / / | / / / / | / / / / | / / / / ‖

# Em Chord

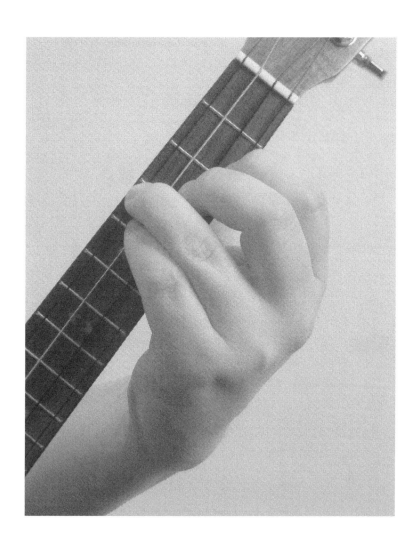

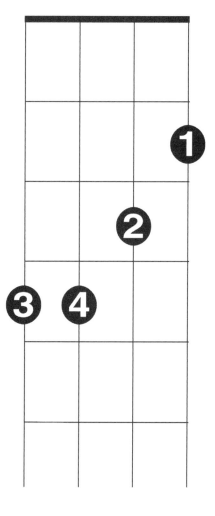

| Play |
| --- |

| G | Em | C | D | G |
| --- | --- | --- | --- | --- |
| / / / / | / / / / | / / / / | / / / / | / / / / |

| Em | Am | D7 | G |
| --- | --- | --- | --- |
| / / / / | / / / / | / / / / | / / / / |

# Dm Chord

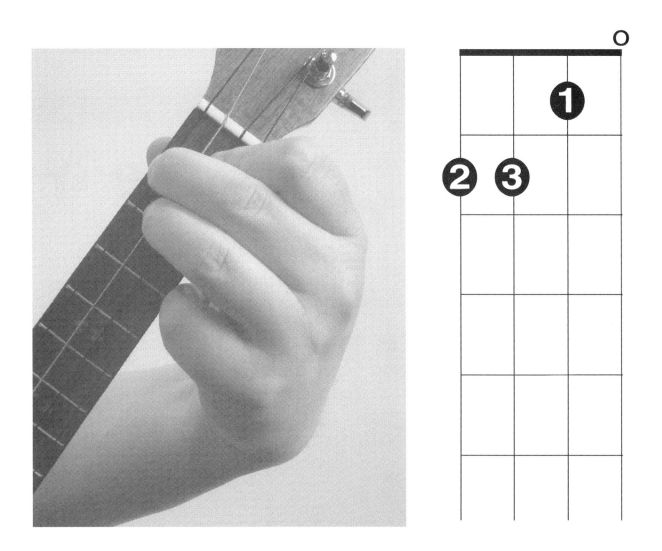

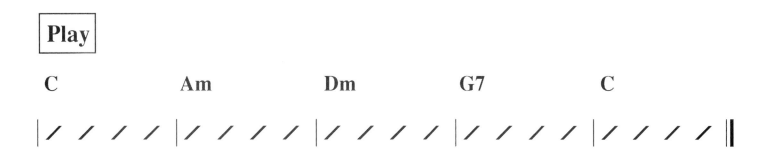

| Play |

| C | Am | Dm | G7 | C |
|---|---|---|---|---|

# Bm Chord

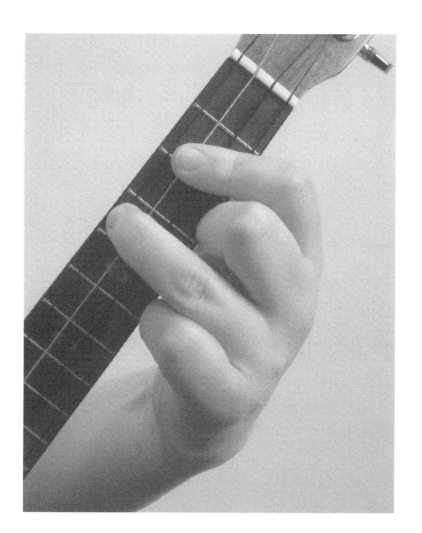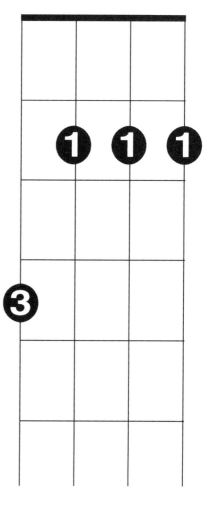

Play

| G | Bm | Em | C | D7 | G |
|---|---|---|---|---|---|

| / / / / | / / / / | / / / / | / / / / | / / / / | / / / / ||

# E Chord

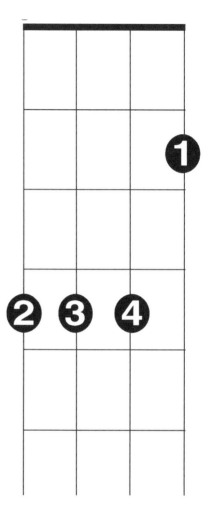

Play

A          D          E          D      A

| / / / / / | / / / / | / / / / | / / / / | / / / / | / / / / | / / / / | / / / / ||

# E7 Chord

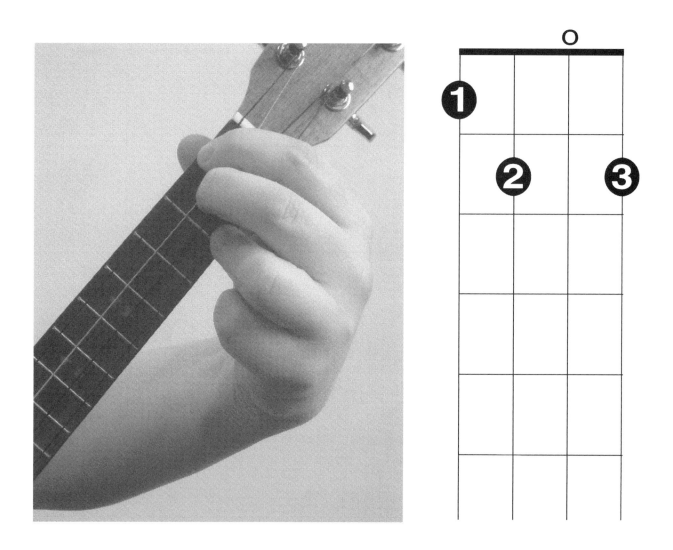

Play

| E7 | D7 | A7 | E7 | A7 | D7 | A7 |
| --- | --- | --- | --- | --- | --- | --- |

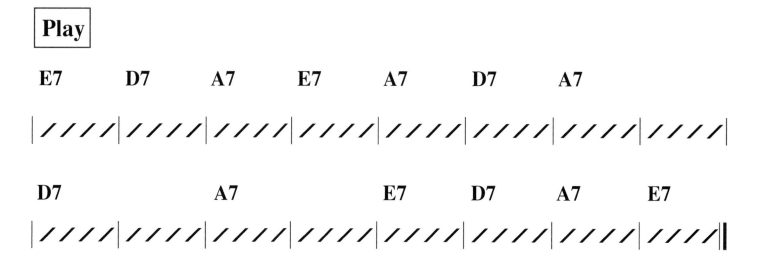

| D7 | | A7 | | E7 | D7 | A7 | E7 |
| --- | --- | --- | --- | --- | --- | --- | --- |

# B7 Chord

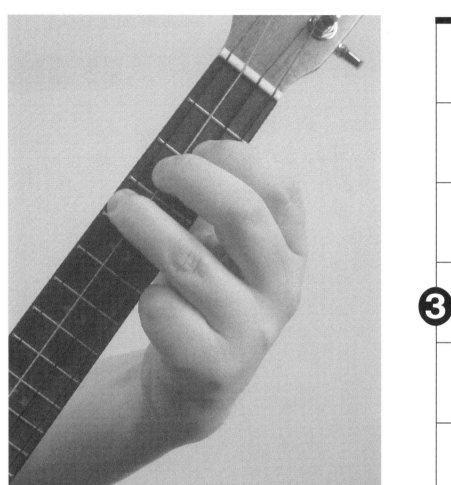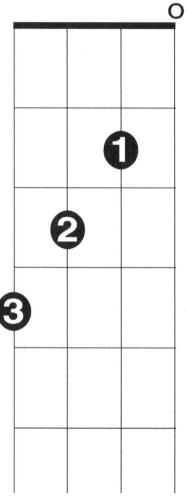

Play

C       B7       E7       Am       Dm       E7       A

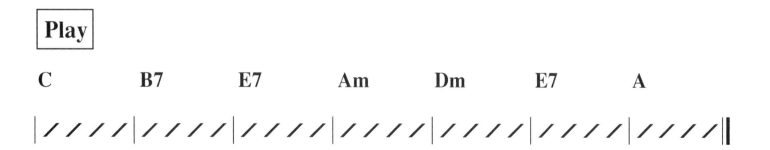

# B♭ Chord

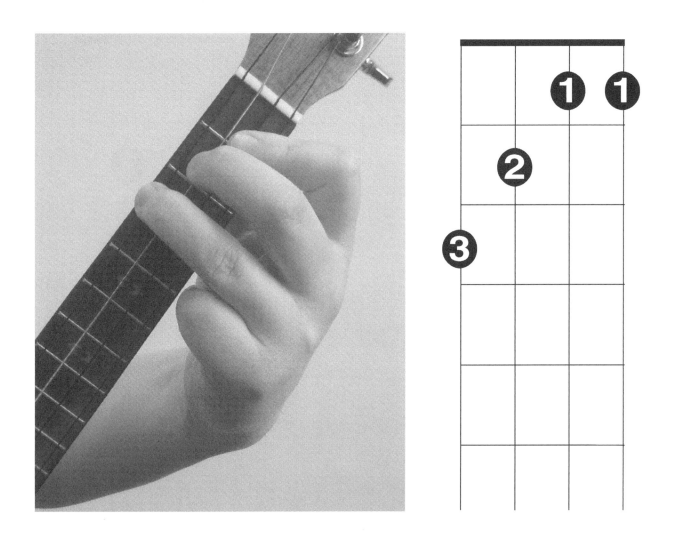

Play

| F | B♭ | C | B♭ | F | C | C7 | F |

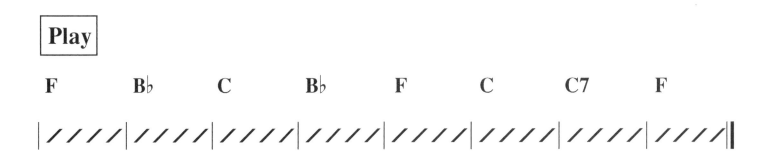

# F♯m Chord

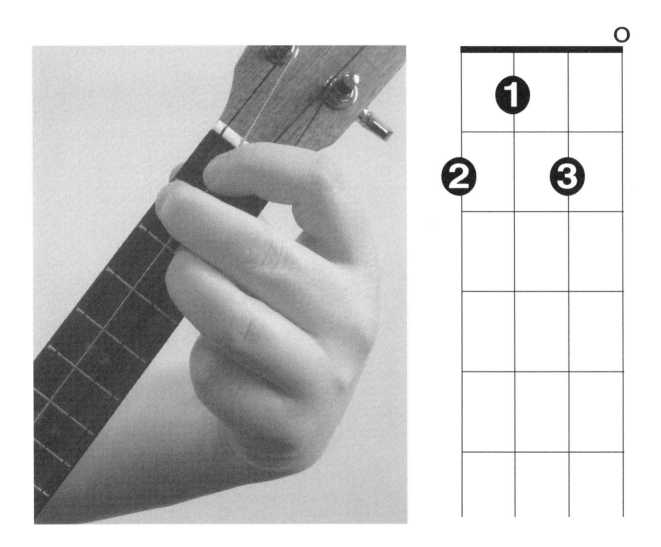

Play

| D | F♯m | Bm | E7 | A7 | D |

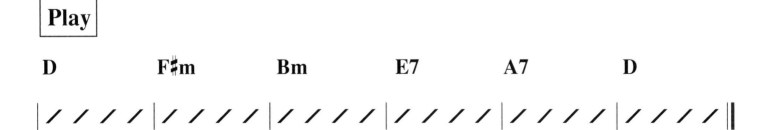

# C#m Chord

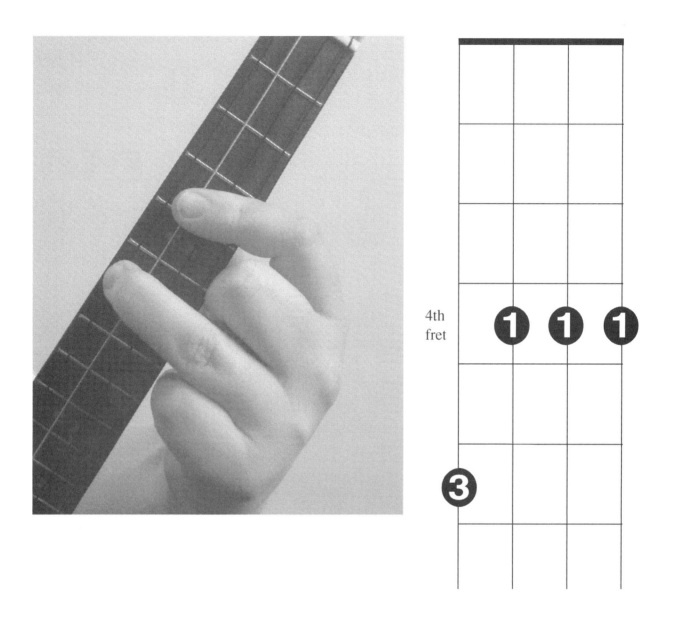

4th fret

| Play |
| --- |

| A | C#m | F#m | Bm | E7 | A |
|---|---|---|---|---|---|

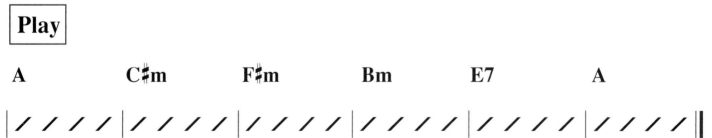

22

# G#m Chord

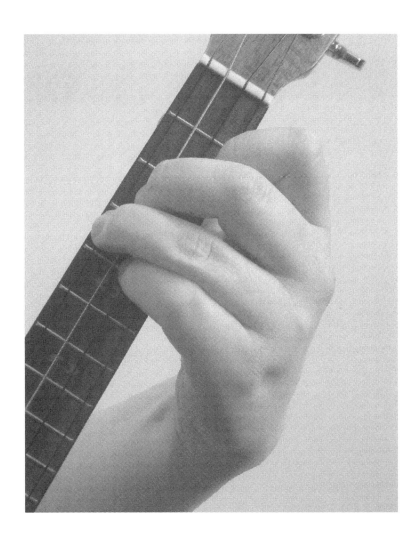
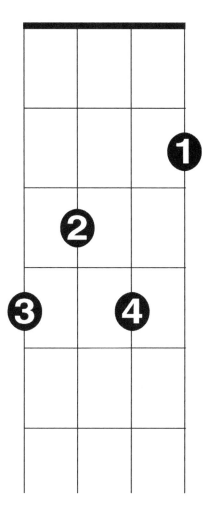

Play

E          G#m          C#m          F#m          B7          E

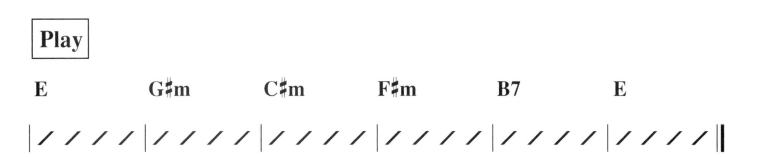

# Gm Chord

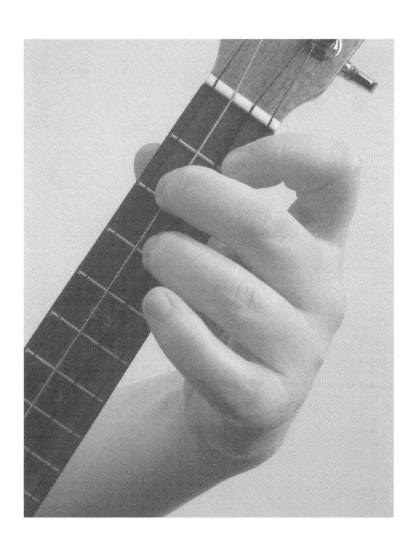 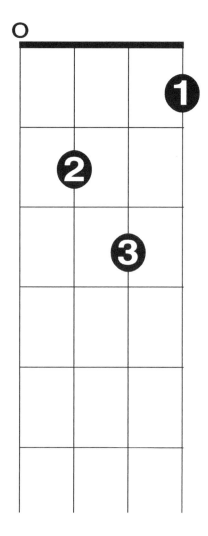

Play

| F | C | Gm | C7 | F |